Bibliografische Information der Deutschen Nationalbibliothek:

Die Deutsche Bibliothek verzeichnet diese Publikation in der Deutschen National-
bibliografie; detaillierte bibliografische Daten sind im Internet über http://dnb.d-
nb.de/ abrufbar.

Impressum:

Copyright © 2007 GRIN Verlag, Open Publishing GmbH
Druck und Bindung: Books on Demand GmbH, Norderstedt Germany
ISBN: 9783640600748

Dieses Buch bei GRIN:

http://www.grin.com/de/e-book/149217/der-prozess-des-risikomanagements-und-
seine-umsetzung

Matthias Prause

Der Prozess des Risikomanagements und seine Umsetzung

GRIN Verlag

Der Prozess des Risikomanagements und seine Umsetzung

Hausarbeit für das Hauptseminar

Wirtschaftsinformatik

Sommersemester 2007

Studiengang: Wirtschaftsinformatik

Rostock, den 31. Mai 2007

Inhaltsverzeichnis

1 Einleitung

Lange Zeit wurde der Umgang mit Risiken von Unternehmen vernachlässigt wenn nicht sogar ignoriert. Lediglich Banken und andere Finanzdienstleister, für die branchenbedingt ein Risikomanagement unabdingbar ist, befassen sich schon länger mit diesem Thema.

Ins Bewusstsein vieler Unternehmen kam das weite Feld des Risikomanagements erstmals mit der Verabschiedung des Gesetzes zur Kontrolle und Transparenz im Unternehmensbereich (kurz: KonTraG) im Jahre 1998. Seither ist eine Entwicklung erkennbar, wonach sich heute nahezu jedes Unternehmen mit dem Thema auseinandersetzt. Die Notwendigkeit von Risikomanagement in der unternehmerischen Praxis liegt dabei auf der Hand: Unternehmenserfolg geht einher mit der Wahrnehmung von Chancen – und jeder Chance stehen Risiken gegenüber.

Allerdings gibt es auch noch zahlreiche Defizite was die Umsetzung von Risikomanagement angeht. So zeigten sich kürzlich in einer Befragung ganze 37% aller befragten Unternehmen zufrieden mit der Umsetzung ihres Risikomanagementsystems – jedes vierte Unternehmen sieht sogar erheblichen Optimierungsbedarf. Für sechs von zehn Unternehmen haben die vorhandenen Defizite bereits spürbare Folgen gehabt. Nur einige Erkenntnisse der Studie, die verschiedene Ursachen für die vorhandenen Probleme sieht. Es fehle beispielsweise an unterstützenden Tools oder aber auch an einer hinreichenden Anforderungsdefinition.[1]

Dies alles belegt, dass zwar mehr und mehr ein Bewusstsein für den Umgang mit Risikomanagement entsteht, aber zeigt auch die noch vielfach vorhandenen Schattenseiten, die es in Zukunft zu beseitigen gilt.

Im Rahmen dieser Arbeit soll zunächst im Kapitel 2 auf grundlegende Begriffe und rechtliche Hintergründe bezüglich des Themas Risikomanagement eingegangen werden. Kapitel 3 befasst sich dann mit dem eigentlichen Prozess des Risikomanagements und erläutert die einzelnen dazu notwendigen Schritte, bevor im letzten Abschnitt auf die aktuelle Umsetzungslage von Risikomanagement in deutschen Unternehmen eingegangen wird.

---

[1] Vgl. egip (2007)

2 Vorbetrachtungen

2.1 Begriffsdefinitionen

2.1.1 Risiko

Der Risikobegriff findet im allgemeinen Sprachgebrauch sehr unterschiedliche Verwendungen. Dies spiegelt sich auch in der Fachliteratur wider, wo viele im Detail unterschiedliche Definitionen auftauchen.[2] Alle diese Definitionen haben jedoch gemeinsam, dass durch ein Ereignis mit einer bestimmten Wahrscheinlichkeit Verluste eintreten.[3] So ist das Risiko die mögliche (wahrscheinliche) Abweichung des Ist-Wertes von einem erwarteten Ergebnis. Diese Abweichung kann positiver oder auch negativer Natur sein. Positive Risiken werden als Chancen bezeichnet und stehen für das Eintreten unerwartet positiver Ereignisse.[4] Im negativen Fall besteht die Gefahr, dass unerwünschte Ereignisse eintreten (z.B. Verluste) oder dass erwünschte Ereignisse nicht eintreten (verpasste Chancen).

Mathematisch ausgedrückt kann man ein Risiko R wie folgt definieren:

$$R = p * D \qquad\qquad \text{mit} \quad p \ - \text{Eintrittswahrscheinlichkeit des Schadens}$$
$$\text{und} \quad D \ - \text{erwarteter monetärer Schaden.}$$

Auch im Bereich der Betriebswirtschaft existieren verschiedene Ansätze für die Definition des Risiko-Begriffes. Dabei kristallisieren sich zwei Auffassungen heraus, die in der Literatur immer wieder auftauchen.

Zum einen ist dies der *entscheidungsorientierte* Risikobegriff: Entscheidungen werden dabei als „die Auswahl einer von zwei oder mehreren Handlungsmöglichkeiten (Alternativen), die dem Entscheidungsträger zur Realisierung eines Ziels zur Verfügung stehen"[5] verstanden. Die Fähigkeit einer handelnden Person, Umweltentwicklungen mit absoluter Sicherheit vorherzusehen, bestimmt dabei Ursache und Ausmaß des Risikos.[6]

---

[2] Vgl. Seibold, H. (2006), S.6
[3] Vgl. Wallmüller (2004), S.165
[4] Vgl. Seibold, H. (2006), S.7
[5] Wöhe, G. (2005), S.156
[6] Vgl. Wolf, K.; Runzheimer, W. (2003), S.29

Die Eintrittswahrscheinlichkeiten verschiedener Umweltzustände werden durch Informationssysteme bereitgestellt. Das Risiko wird als Gefahr angesehen, in der Phase der Willensbildung die nicht gewinn- bzw. nutzenmaximierende Handlungsalternative auszuwählen.[7]

Dagegen sind den Entscheidungen zu Grunde liegende unsichere Informationen ausschlaggebend für Gefahren beim *informationsorientierten* Risikobegriff.[8] Nicht die Entscheidung selbst, sondern die Informationsstruktur als Basis für Entscheidungen prägt das Risiko durch Unsicherheiten, Unbestimmtheiten sowie Unvollständigkeiten.[9]

Ein weiteres entscheidendes Merkmal für Risiken im unternehmerischen Sinn ist die Beeinflussung der Unternehmensziele. Demnach müssen Risiken „geeignet sein, die Entwicklung des Unternehmens nachhaltig zu beeinträchtigen. Dies setzt Bedrohungspotenziale voraus, die in der Lage sind, die wichtigsten Erfolgspotenziale des Unternehmens zu zerstören und damit die Erreichung der Unternehmensziele gefährden."[10] Beispiele hierfür wären zu spät erkannte Marktentwicklungen oder Fehlinvestitionen.

2.1.2 Risikomanagement

Das Risikomanagement eines Unternehmens umfasst alle Maßnahmen, die dazu dienen, Risiken zu erkennen, zu bewerten, zu steuern und zu kontrollieren. Dieser Prozess wird im Rahmen dieser Arbeit in Kapitel 3 noch näher erläutert.

Zentrale Aufgabe (und zugleich Herausforderung) des Risikomanagements ist die Abbildung des Gesamtrisikos, als Bündelung der wechselwirkenden Einzelrisiken.[11]

Da sich die Unternehmensumwelt in einem stetigen Entwicklungsprozess befindet, muss auch das Risikomanagement permanent gestaltet werden. Risikomanagement hat eine strategische Bedeutung für die Unternehmung und ist somit eine Führungsaufgabe.

Zusammenfassend kann man sagen, Risikomanagement „umfasst die gesamte Unternehmenspolitik unter besonderer Berücksichtigung der ihr innewohnenden Chancen und Risiken."[12]

---

[7] Vgl. Imboden, C. (1983), S.7 ff.
[8] Vgl. Braun, H. (1984), S.24
[9] Vgl. Neubürger, K.W. (1989), S.29
[10] Vgl. BDI (2006), S.14
[11] Vgl. Wolf, K.; Runzheimer, W. (2003), S.31
[12] Vgl. Brühwiler, B. (1994), S.6

2.2 Rechtliche Hintergründe

Am 1.5.1998 trat in Deutschland das Gesetz zur Kontrolle und Transparenz im Unternehmensbereich (KonTraG) in Kraft. Darin wurden primär die Sorgfaltspflichten der Vorstände von Aktiengesellschaften aber auch die von Geschäftsführern anderer Gesellschaftsformen gesetzlich verankert. Außerdem wurde die allgemeine Leitungsaufgabe näher beschrieben.[13] Die Risikovorsorge des KonTraG soll Unternehmen aber nicht nur vor Verlusten durch riskante Spekulationen schützen, sondern alle sich wesentlich auf Vermögens-, Ertrags- oder Finanzlage auswirkenden Risiken frühzeitig aufzeigen. Vorstände tragen die Verantwortung für die Absicherung dieser Risiken; die Aufsichtsräte die Verantwortung für die Prüfung der Risikomanagementsysteme.[14]

Allerdings ließ der Gesetzgeber die Art und Weise der Umsetzung offen, vielmehr delegierte er lediglich die Aufgabe der Einrichtung eines Risikofrüherkennungssystems an die Unternehmen weiter.[15] Das System muss nach Gesetzeswortlaut nur angemessen ausgestaltet sein. Für eine angemessene Implementierung werden „ein internes Überwachungssystem, ein Controlling sowie ein Frühwarnsystem vorausgesetzt."[16]

Hintergrund des Gesetzes war die steigende Zahl an Insolvenzen, denn viele Unternehmen wurden erst durch das KonTraG auf die Notwendigkeit eines Risikomanagementsystems aufmerksam. Es waren zu dieser Zeit vornehmlich Unternehmen im Finanzdienstleistungssektor, die sich bereits mit Risikomanagement befasst hatten.[17]

Die Änderungen durch das KonTraG beziehen sich im Einzelnen in erster Linie auf das Aktiengesetz, das Handelsgesetz, das Publizitätsgesetz und das Genossenschaftsgesetz. Im Rahmen dieser Arbeit soll aber nur auf die Änderungen das Risikomanagementsystem betreffend eingegangen werden.

Gesellschaften, die einen Lagebericht verfassen müssen, sind nach dem KonTraG dazu verpflichtet, „die voraussichtliche Entwicklung mit ihren wesentlichen Chancen und Risiken zu beurteilen und zu erläutern; zugrunde liegende Annahmen sind anzugeben."[18]

---

[13] Vgl. Schmitz, T.; Wehrheim, M. (2006), S.20
[14] Vgl. ibi research (2004), S.18
[15] Vgl. Wolf, K.; Runzheimer, W. (2003), S.24
[16] Vgl. Schmitz, T.; Wehrheim, M. (2006), S.20
[17] Vgl. Reichling, P. (2003), S.29
[18] Bundesministerium der Justiz (2007), § 289 Abs. 1, Satz 4 HGB

Weiterhin sollen im Lagebericht „die Risikomanagementziele und -methoden der Gesellschaft einschließlich ihrer Methoden zur Absicherung aller wichtigen Arten von Transaktionen, die im Rahmen der Bilanzierung von Sicherungsgeschäften erfasst werden, sowie die Preisänderungs-, Ausfall- und Liquiditätsrisiken sowie die Risiken aus Zahlungsstromschwankungen, denen die Gesellschaft ausgesetzt ist, jeweils in Bezug auf die Verwendung von Finanzinstrumenten durch die Gesellschaft und sofern dies für die Beurteilung der Lage oder der voraussichtlichen Entwicklung von Belang ist."[19]

Aussagekraft haben die dargelegten Risiken im Lagebericht allerdings nur, wenn sie einer permanenten Identifikation, Analyse, Bewertung und Steuerung unterliegen und sämtliche Maßnahmen dokumentiert werden. Nur dies kann eine objektive Prüfung durch den Abschlussprüfer gewährleisten. Gemäß § 317 Abs. 2 Satz 2 HGB stellt die Prüfung und Beurteilung des Risikofrüherkennungssystems eine Pflichtaufgabe im Rahmen des Jahresabschluss dar: „Dabei ist auch zu prüfen, ob die Chancen und Risiken der künftigen Entwicklung treffend dargestellt sind."[20]

Grundsätzlich wird somit unterschieden zwischen dem Risikofrüherkennungssystem, das die frühzeitige Erkennung der Risiken und die Überwachung der hierzu eingeleiteten Maßnahmen zum Gegenstand hat, und dem Risikomanagementsystem, das zusätzlich die Reaktion bzw. die Strategie auf die früherkannten Risiken umfasst. Gesetzlich verankert wurde lediglich ersteres.[21]

„Bei einer börsennotierten Aktiengesellschaft ist außerdem im Rahmen der Prüfung zu beurteilen, ob der Vorstand die ihm nach § 91 Abs. 2 des Aktiengesetzes obliegenden Maßnahmen in einer geeigneten Form getroffen hat und ob das danach einzurichtende Überwachungssystem seine Aufgaben erfüllen kann."[22]

---

[19] Bundesministerium der Justiz (2007), § 289 Abs. 2, Nr. 2 HGB
[20] Bundesministerium der Justiz (2007), § 317 Abs. 2, Satz 2 HGB
[21] Vgl. Schmitz, T.; Wehrheim, M. (2006), S. 21
[22] Bundesministerium der Justiz (2007), § 317 Abs. 4 HGB

3 Der Prozess des Risikomanagements

Die Gesamtheit des Risikomanagements umfasst einen fortlaufenden Prozess. Fortlaufend soll hierbei bedeuten, dass es sich um einen ständigen Kreislauf handelt. Dieser beginnt mit der Identifizierung potentieller Risiken. Daran schließen die Risikobewertung sowie die Risikosteuerung an. Schließlich folgt die Risikokontrolle, mit der die Wirksamkeit und die Nachhaltigkeit der eingeleiteten Steuerungsmaßnahmen überprüft werden soll. Mit der neuerlichen Risikoidentifikation beginnt der Kreislauf von vorn.[23]

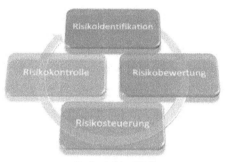

Quelle: Avedos (2007)

Die oben stehende Abbildung fasst den beschriebenen Prozess noch einmal zusammen. Im Folgenden soll nun auf die einzelnen Phasen etwas näher eingegangen werden.

3.1 Risikoidentifikation

Ziel der Risikoidentifikation ist es, aktuelle (bestehende) sowie potentielle (zukünftige) Störfaktoren und deren Wirkungen im Gesamtzusammenhang des Unternehmensgeschehens zu identifizieren und zu analysieren.[24]

Das Hauptaugenmerk sollte dabei auf bestandsgefährdende Risiken gerichtet sein.[25]

In dieser Hinsicht spielt die Ausrichtung der Risikoidentifikation an der Unternehmensstrategie eine bedeutende Rolle, denn in erster Linie müssen Risiken gefunden werden, die die zentralen Erfolgsfaktoren, wie beispielsweise die Kernkompetenzen, bedrohen.

---

[23] Vgl. Reichling, P. (2003), S.26
[24] Vgl. Haller, M. (1986), S.28 ff.
[25] Vgl. Wolf, K.; Runzheimer, W. (2003), S.41

Wirkliche Katastrophen werden in der Regel nicht von Betriebsunfällen oder Bränden ausgelöst, sondern durch ein Scheitern der Unternehmensstrategie in zentralen Punkten – beispielsweise durch das nicht rechtzeitige Erkennen von Marktentwicklungen.[26] Ein weiterer wesentlicher Punkt bei der Risikoidentifikation ist das Risikobewusstsein der gesamten Unternehmung in dem Sinne, dass davon die Erkennung von Risiken in erheblichem Maße abhängt.[27] So wird zum Beispiel eine risikoscheue Unternehmung eine Anlageoption als Risiko bezeichnen, wo hingegen eine risikofreudigere Unternehmung dieselbe Option nicht als Risiko ansieht, sondern eher als Chance.

Aufgrund der sich ständig ändernden Unternehmenssituation ist die Risikoidentifikation eine kontinuierliche Aufgabe, die in die geschäftsüblichen Arbeitsabläufe integriert werden muss. Selbstredend bedarf es einer hochgradigen Aktualität der zugrunde liegenden Informationen. Es muss also zu einem fortdauernden Anpassungsprozess des kompletten Systems kommen. Wichtig ist in diesem Zusammenhang auch die vollständige, lückenlose Aufdeckung aller aktuellen und potentiellen Einzelrisiken.

Ein effektives Risikomanagement hängt sehr stark von der frühzeitigen und schnellen Erkennung von Risiken ab. Daneben ist die frühzeitige Beseitigung der Risiken in einem früheren Stadium außerdem oftmals auch mit einem geringeren Aufwand verbunden.[28]

3.1.1 Festlegung relevanter Risikofelder

Der Grundstein für die Identifikation von Risiken und damit des gesamten Risikomanagementprozesses wird mit der Festlegung der relevanten Risikofelder gelegt. Diese Risikofelder sollen Bereiche darstellen, in denen sich Risiken für eine bestimmte Unternehmung verbergen können. Solche Felder können sich sowohl innerhalb (intern) als auch außerhalb (extern) der Unternehmung befinden.

Interne Risikofelder fallen grundsätzlich in den Einflussbereich des Managements und können entlang der gesamten betrieblichen Wertschöpfungskette gefunden werden. Beispiele für solche Bereiche wären neben den primären Aktivitäten Logistik, Produktion, Absatz und Service auch sekundäre Aktivitäten wie Organisation, Personalwirtschaft oder Informationsbeschaffung – um nur einige zu nennen.

---

[26] Vgl. Gleißner, W. (2007)
[27] Vgl. Fürer, G. (1990), S.66
[28] Vgl. Wolf, K.; Runzheimer, W. (2003), S.41

Bei externen Risikofeldern dagegen bestehen keine direkten Einflussmöglichkeiten für das Unternehmensmanagement. Hier sind als Beispiele Marktrisiken, politische bzw. rechtliche Risiken, Devisenkursänderungsrisiken aber auch Risiken durch die natürliche Umwelt, wie z.b. Wetterrisiken zu nennen.[29]

Neben dieser Vorgehensweise ist in der Literatur außerdem noch die Rede vom so genannten *Scanning*, der ungerichteten Suche nach Risikofeldern im gesamten Unternehmen und in seinem Umfeld.[30] Dabei sollen jegliche Arten an Risiken identifiziert werden. Die Ermittlung erfolgt dabei ohne jegliche Beachtung von Wesentlichkeitsüberlegungen und Eintrittswahrscheinlichkeiten.[31] Diese folgen dann im Zuge des so genannten *Monitoring*, „welches konkrete Informationen über Risiken eruiert bzw. identifizierte Risikofelder intensiver im Hinblick auf weitere Risiken untersucht."[32]

Im Rahmen der gesamten Risikoidentifikation werden die Risiken der ermittelten Risikofelder brutto erfasst. Dies bedeutet, dass es völlig unerheblich ist, ob dem jeweiligen Risiko bereits irgendeine Maßnahme entgegenwirkt oder ob es z.b. durch Versicherungen teilweise oder komplett eliminiert werden kann.[33]

3.1.2 Methoden und Instrumente der Risikoidentifikation

Eine fundierte und objektive Risikoidentifikation erfordert, dass Fachexperten eingesetzt werden, die die Risikolandschaft objektiv beurteilen (z.B. unternehmensexterne Berater) und zugleich das entsprechende Fach-Know-How haben, ein bestimmtes Spezialgebiet beurteilen zu können. Die bei den Risikoidentifikationen eingesetzten Fachleute sollten grundsätzlich unabhängig von dem zu identifizierenden Risikobereich sein und ein Fachwissen haben, das dem der dort tätigen Mitarbeiter mindestens ebenbürtig ist.

In der Literatur sind viele verschiedene Instrumente und Methoden genannt, die eine systematische Risikoerkennung unterstützen sollen. Einige sollen nun etwas näher erläutert werden:

---

[29] Vgl. Neubeck, G. (2003), S.75
[30] Vgl. Martin, T.A.; Bär, T. (2002), S.117
[31] Vgl. Kohlhoff, C.; Langenhan, K.; Zorn, S. (2000), S.8
[32] Müller, A. (2001), S.216
[33] Vgl. Neubeck, G. (2003), S.74

o *Checklisten* sind ein geeignetes Hilfsmittel zur Überprüfung inwiefern vordefinierte Kriterien erfüllt sind. Allerdings sollten sie lediglich Gedächtnisstützen sein und nicht die eigenständige Denkarbeit der verantwortlichen Personen völlig ersetzen. Ein negativer Punkt an Checklisten sind fehlende Prioritäten, da alle Punkte gleichgestellt sind.[34]

o Die *Fehlerbaum-Analyse* untersucht Systeme auf ihr Verhalten bezüglich verschiedener Risikoereignisse. Dabei wird von einer Gefahr ausgegangen und man arbeitet sich soweit zurück, bis man die mögliche(n) Ursache(n) gefunden hat. Beziehungen zwischen verschiedenen Ereignissen lassen sich durch logische Verknüpfungen (und/oder) darstellen. So entsteht ein Bild, welches die Fehlerzusammenhänge sehr gut verdeutlicht.[35]

o Die *Szenariotechnik* ist eine Planungstechnik, die verschiedene Ausprägungen der Zukunft simuliert. Die Spannweite der Ausprägungen reicht dabei vom positivsten bis zum negativsten Fall.[36] Zur besseren Veranschaulichung greift man häufig auf eine Trichterdarstellung zurück, um damit den abnehmenden Einfluss mit zunehmender Trichteröffnung zu symbolisieren. Um Risiken zu identifizieren ist diese Methode gut geeignet, da man durch die Extremszenarios leicht erkennen kann ob ein Risiko vorliegen könnte oder nicht. Es ist auch ein geeignetes Mittel um Sensitivitätsanalysen durchzuführen.[37]

o Auch die *Mitarbeiterbefragung* kann wichtige Beiträge bei der Identifikation von Risiken leisten. Mitarbeiter können oft viele Aspekte aus der täglichen Erfahrung am besten einschätzen. Durch Befragungen kann man sie zu Beteiligten des Risikomanagementprozesses machen. Auf der anderen Seite besteht die Gefahr der Verfälschung durch psychologische Aspekte. Mitarbeiter könnten wichtige Dinge verschweigen, aus Angst um ihren Arbeitsplatz oder ähnlichem. Hierzu kann die Einrichtung eines zwanglosen oder anonymen Kanals vorgenommen werden, über den schlechte Nachrichten in höhere Hierarchiestufen kommuniziert werden können.[38]

---

[34] Vgl. Wolf, K.; Runzheimer, W. (2003), S.44
[35] Vgl. Software-Kompetenz (2007)
[36] Vgl. wikipedia(2007), Szenariotechnik
[37] Vgl. Wolf, K.; Runzheimer, W. (2003), S.47
[38] Vgl. DeMarco, T. (1998), S.73

Die Auswertung von Mitarbeiterbefragungen ist allerdings sehr arbeits- und zeitaufwendig und viele Beispiele belegen auch, dass mit diesem Instrument meist zwar gerade besonders aktuelle Informationen geliefert werden, allerdings nicht die wirklich bedeutenden für das Risikomanagement.[39]

3.2 Risikobewertung

Das Ziel der Risikobewertung ist eine qualitative Bewertung sowie eine quantitative Messung der identifizierten Risiken einschließlich ihrer Zusammenhänge. Deshalb sollte die Basis hierfür eine sorgfältig und vollständig durchgeführte Risikoidentifikation sein.[40]

3.2.1 Vorgehensweise

Für jedes identifizierte Risiko wird individuell die Eintrittswahrscheinlichkeit, die potentielle Schadenhöhe sowie Häufigkeit eines möglichen Schadeneintritts bestimmt und so das jeweilige Risikoausmaß ermittelt.

Da nicht jedes einzelne Risiko behandelt werden muss und es manchmal auch gar nicht möglich ist, ein Risiko zu behandeln, ist eine Differenzierung der Risiken vorzunehmen. Einerseits kann man nach primären und sekundären Risiken unterteilen, das heißt in schwerwiegende Risiken und in solche, die vernachlässigt werden können. Zum anderen kann man eine Filterung zwischen Risiken, die man mit geeigneten Maßnahmen beeinflussen kann und solchen, denen man in jedem Fall ausgesetzt ist, vornehmen. Hierbei sollten auch mögliche Abhängigkeiten zwischen einzelnen Risiken Berücksichtigung finden. Danach erfolgt eine Einteilung der Risiken in verschiedene Klassen, bezüglich der jeweiligen Eintrittswahrscheinlichkeiten:[41]

- o unmöglich
- o sehr unwahrscheinlich
- o möglich
- o wahrscheinlich
- o sehr wahrscheinlich

[39] Vgl. TEIA (2007)
[40] Vgl. Wolf, K.; Runzheimer, W. (2003), S.57
[41] Vgl. Schmitz, T.; Wehrheim, M. (2006), S.81

Wichtig ist hierbei, dass nicht eine Person allein diese Einteilung vornimmt, denn die subjektive Wahrnehmung von Risiken kann sehr unterschiedlich ausfallen. Sinnvoll wäre ein Team bestehend aus mehreren Personen, um so die verschiedenen (subjektiven) Meinungen abzugleichen.[42]

Bei der Bestimmung der möglichen Schadenhöhe der verschiedenen Risiken muss man grundsätzlich 2 Fälle unterscheiden. Zum einen gibt es Risiken, bei denen sich das Ausmaß direkt in Geldeinheiten messen lässt. Ist das Risiko jedoch nicht direkt quantifizierbar, wie z.B. bei Imageschäden, muss ein anderer Weg gefunden werden, die Schadenhöhe auszudrücken. Dies kann beispielsweise durch statistisch ermittelte Werte oder durch Expertenbefragungen geschehen. Allerdings sollten die so gewonnenen Werte lediglich Anhaltspunkte für eine Risikoeinteilung sein. Sind auf keinem Weg spezielle Werte für die Schadenhöhe zu ermitteln, ordnet man den Schaden wie folgt wieder in eine Skala ein:

o unbedeutend

o gering

o mittel

o schwerwiegend

o existenzbedrohend

3.2.2 Hilfsmittel

Um die Anschaulichkeit und Übersichtlichkeit aller ermittelten und bewerteten Risiken zu wahren, können die verschiedensten Instrumente eingesetzt werden. Im Folgenden sollen zwei von ihnen etwas näher vorgestellt werden.

o Der Risikoerfassungsbogen ist ein schlichtes, aber durchaus geeignetes Mittel um Risiken kurz und präzise zu beschreiben. Man kann neben möglichen Ursachen und Bewertungen ebenso Vermerke über Beziehungen zu anderen Risiken festhalten, sowie Prioritäten vergeben.

o Eine andere, sehr anschauliche Methode ist die *Risikomatrix* oder auch *Risk Map*. Dieses Werkzeug ist ein Koordinatensystem, dessen Achsen die Eintrittswahrscheinlichkeit und die Schadenhöhe eines Risikos beschreiben.

---

[42] Vgl. Vassia, S. (2004), S.46

Durch die zuvor ermittelten Werte können die einzelnen Risiken also direkt im Diagramm als Punkte abgetragen werden. Beziehungen zwischen Risiken lassen sich durch Pfeile oder andere Darstellungsmöglichkeiten kenntlich machen. Die folgende Abbildung zeigt ein Beispiel für eine Risikomatrix.

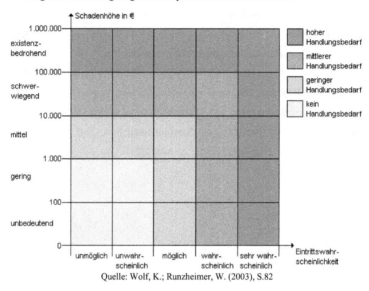

Quelle: Wolf, K.; Runzheimer, W. (2003), S.82

Hier ergibt sich wiederum eine Klasseneinteilung für den jeweils erforderlichen Handlungsbedarf, was durch die verschiedenen Farben verdeutlicht werden soll.

3.2.3 Risikoaggregation

Zusammenfassend kann für das gesamte Unternehmen, aber auch für einzelne Projekte oder andere unternehmerische Aktivitäten eine aggregierte Bewertung bestimmter Risikogruppen (oder auch zusammengehöriger Risiken) vorgenommen werden. Dabei ist allerdings darauf zu achten, dass bei Ordinalskalen die Werte nicht addiert werden dürfen. Interdependenzen müssen ebenfalls berücksichtigt werden. Verschiedene Risiken können miteinander in Beziehung stehen und sich gegenseitig verstärken oder aber auch abschwächen. Ausschlaggebend dafür sind statistische Variablen der einzelnen Risiken, die so genannten *Korrelationen*.[43]

---

[43] Vgl. Königs, H.-P. (2005), S.19

Risikoaggregationen erweisen sich in der Praxis als sehr schwierig, da umfassendes statistisches Material zugrunde liegen muss und Risikointerdependenzen aufgrund ihrer Komplexität meist nur schwer fassbar sind.[44]

3.3 Risikosteuerung

Risikosteuerung bedeutet die aktive Beeinflussung der ermittelten Risiken entsprechend ihrer Risikoposition. Voraussetzung dafür ist eine regelmäßige Erfassung und deren sachgerechte Übergabe an die Entscheidungsträger.[45] Allerdings hat die Risikosteuerung nicht die grundsätzliche Vermeidung aller Risiken zum Ziel, denn risikobehafteten wirtschaftlichen Aktivitäten stehen immer auch Chancen gegenüber.[46] Die Beeinflussung geschieht durch verschiedene Maßnahmen, die eine Verringerung der Eintrittswahrscheinlichkeit und/oder eine Begrenzung der Schadenhöhe zum Ziel haben. Die Risiken sollen auf diese Weise so begrenzt werden, dass sie innerhalb eines vorgegebenen Akzeptanzbereiches verbleiben. Die folgende Abbildung beschreibt diesen Prozess der „Risikooptimierung".

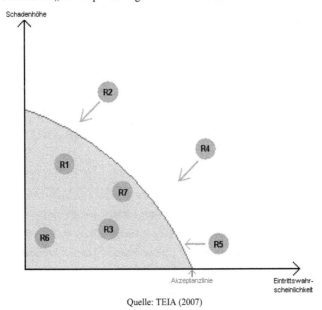

Quelle: TEIA (2007)

[44] Vgl. TEIA (2007)
[45] Vgl. Neubeck, G. (2003), S.96
[46] Vgl. Göbenzell, K.-P. (2001), S.1464

Für die Risiken R2, R4 und R5 müssen Maßnahmen gefunden werden, um auch sie innerhalb des Akzeptanzbereiches zu bewegen.

Die vier grundsätzlichen Strategien der Risikosteuerung sind die Vermeidung, die Verminderung, die Überwälzung und die Übernahme von Risiken. Nacheinander wird so durch verschiedene Maßnahmen das ursprüngliche *Brutto-Risiko* verringert. Das am Ende verbleibende *Netto-Risiko* muss von der Unternehmung selbst getragen werden, da es durch keine weiteren Maßnahmen beeinflusst werden kann oder soll. Diese Vorgehensweise soll die folgende Darstellung noch einmal verdeutlichen.

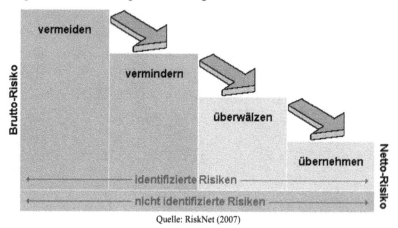

Quelle: RiskNet (2007)

Die einzelnen Strategien sollen im Folgenden etwas näher erläutert werden.

3.3.1 Risikovermeidung

Risikovermeidung bedeutet den Verzicht auf risikobehaftete Geschäfte oder Strategien. Das Vermeiden von Risiken stellt also eine strategische Grundsatzfrage dar, da hiermit die Geschäftstätigkeit des Unternehmens maßgeblich beeinflusst werden kann.[47]
Beispiele wären Entscheidungen darüber, ob bestimmte Märkte oder Kunden bedient werden sollen, ob ein bestimmtes Produkt produziert werden soll oder aber auch der Verzicht eines Wechsels zu einem neuen (eventuell unzuverlässigen) Lieferanten.

---

[47] Vgl. von Winter, R. (2001), S.42

3.3.2 Risikoverminderung

Nach Feststellung der Unvermeidbarkeit eines bestimmten Risikos können Möglichkeiten gesucht werden, es zu vermindern. Dabei werden in der Literatur oft zwei Ansätze unterschieden. Entweder man versucht die Eintrittswahrscheinlichkeit oder aber die potentielle Schadenhöhe zu beeinflussen.[48]

Zur Verringerung der Eintrittswahrscheinlichkeit von Risiken lassen sich z.b. Kontrollen, Sicherheits- oder Schutzvorkehrungen einrichten.

Wichtigste Maßnahme zur Begrenzung der Schadenhöhe eines Risikos ist die Risikostreuung oder auch Risikozerlegung.[49] Dabei wird eine risikobehaftete wirtschaftliche Aktivität in mehrere Teilaktivitäten unterteilt. Solch eine Zerlegung kann auf den verschiedensten Gebieten vorgenommen werden. Beispiele hierfür sind ein Unternehmen, das auf verschiedenen Märkten agiert, die Durchführung eines Produktionsprozesses an mehreren Standorten oder auch die Verteilung gleicher Aufgaben auf mehrere Mitarbeiter.[50]

3.3.3 Risikoüberwälzung

Können Risiken nicht weiter vermindert werden, besteht eine weitere Möglichkeit in der Risikoüberwälzung, was nichts anderes bedeutet, als eine Übertragung von Risiken auf andere Unternehmen. Dies kann zum einen durch Bündnisse mit anderen Unternehmungen oder aber auch durch Vertragsklauseln, beispielsweise in einem Lieferungs- und Leistungsvertrag, geschehen. Eine andere Möglichkeit der Risikoüberwälzung besteht in Form von Versicherungen.[51] Dabei werden teilweise oder vollständige Schadenausgleichszahlungen von der Versicherung als Gegenleistung für eine Versicherungsprämie gewährleistet.

---

[48] Vgl. Neubeck, G. (2003), S.98
[49] Vgl. Zellmer, G. (1990), S.59
[50] Vgl. Neubeck, G. (2003), S.99
[51] Vgl. Schmitz, T.; Wehrheim, M. (2006), S.97

3.3.4 Risikoübernahme

Als letzte Alternative der Risikosteuerung verbleibt die Risikoübernahme. Dabei werden Risiken gezielt von der Unternehmung selbst getragen. Zum einen ist dies eine Menge von Restrisiken, die im Rahmen der Steuerung nicht weiter vermieden, vermindert oder übertragen werden konnten. Andererseits können auch Risiken, deren Eintrittswahrscheinlichkeit und/oder Schadenhöhe gering ist, von vorn herein selbst getragen werden. Der Vorteil dieser Strategie ist die Einsparung von Zeit und Kosten.[52] „Wichtig ist eine bewusste Risikoakzeptanz. Denn letztlich wird unwillkürlich jedes Risiko, das nicht über die vorherigen Strategien ausgeschlossen oder vermindert wurde, voll übernommen."[53] Dabei wird erneut klar, wie wichtig die richtige Einschätzung eines Risikos in der vorhergehenden Analyse ist. Gegebenenfalls ist für als wesentlich eingestufte Risiken eine Reservebildung vorzunehmen, die als das älteste risikopolitische Steuerungsinstrument überhaupt gilt.[54]

3.4 Risikokontrolle

Die Risikokontrolle bildet die letzte Stufe im Risikomanagementprozess, bevor der Kreislauf von neuem beginnt. „Die Aufgaben [...] bestehen darin, die risikopolitischen Instrumente im Hinblick auf den Zielausrichtungsgrad, ihrer Wirtschaftlichkeit und Wirksamkeit ständig zu überwachen und zu dokumentieren."[55] Das Wort *ständig* soll ausdrücken, dass Risikokontrolle nicht nur strikt als vierter Teilprozess des gesamten Risikomanagements gesehen werden darf, sondern eine Überprüfung auch während der Abarbeitung der anderen Teilprozesse stattfinden muss. Es muss beobachtet werden, wie Risiken sich entwickeln, um so frühzeitig Trends erkennen zu können. Daneben bleibt die Überprüfung der veränderten Risiko-Situation nach den verschiedenen Steuerungsmaßnahmen Hauptbestandteil der Risikokontrolle.[56]
Die Umsetzung der Informationsgewinnung kann durch Soll-Ist-Vergleiche oder ähnliche Analysen realisiert werden sowie in automatischen Prüfprozessen durch unterstützende Softwarelösungen.[57]

---

[52] Vgl. Vassia, S. (2004), S.50
[53] Seibold, H. (2006), S.33
[54] Vgl. Zellmer, G. (1990), S.73f.
[55] Vgl. Maier (1999), S.23
[56] Vgl. Königs, H.-P. (2005), S.44
[57] Vgl. Schmitz, T.; Wehrheim, M. (2006), S.140

Innerhalb dieser Analysen wird mit Hilfe von Kennzahlen und anderen Indikatoren festgestellt, ob vorher definierte Grenzwerte überschritten wurden.[58]

Die so zusammengestellten Daten und Informationen müssen anschließend an die entsprechenden Stellen zur Auswertung weitergeleitet werden. Diese *Risiko-Berichte* sollten Bestandteil regelmäßiger Berichterstattungen an die Unternehmensführung sein. In der Unternehmensführung müssen die richtigen Schlussfolgerungen aus den vorliegenden Daten gezogen sowie die notwendigen Folgehandlungen eingeleitet werden.

Die zumeist zentral organisierte Risikokontrolle kann direkt in die betriebliche Controllingfunktion der Unternehmung integriert sein oder sie bildet eine gesonderte Stabstelle.[59]

4 Entwicklung

4.1 Ergebnisse einer aktuellen Studie

Im Januar 2007 veröffentlichte das Prüfungs- und Beratungsunternehmen *Ernst & Young* die Studie *Risikomanagement 2006*, in der der Umsetzungsstand von Risikomanagement in deutschen Unternehmen im Jahr 2006 analysiert wurde. Dazu erhob man mittels Befragungen Informationen über die 500 größten Unternehmen Deutschlands in den Bereichen Industrie und Dienstleistungen.[60] Ausgeklammert wurden jedoch Finanzdienstleister, Versicherungen und Banken, da sich diese branchenbedingt schon seit längerer Zeit mit dem Thema Risikomanagement auseinandersetzen und daher nicht repräsentativ sind.[61]

Bei zwei von drei untersuchten Unternehmungen handelte es sich um Aktiengesellschaften, von denen ca. eine Hälfte börsennotiert und eine Hälfte nicht börsennotiert waren. Weiterhin ging ein Drittel anderer Gesellschaftsformen in die Studie mit ein.[62] Diese Auswahl wurde bewusst so getroffen, da auch Unternehmen solcher Gesellschaftsformen in die Investigation mit eingehen sollten, die nicht direkt zur Einrichtung eines Überwachungssytems gemäß §317 Abs.4 HGB verpflichtet sind.[63]

---

[58] Vgl. Kirchner, M. (2002), S.50
[59] Vgl. ibi research (2004), S.27
[60] Vgl. Ernst & Young (2007b)
[61] Vgl. Reichling, P. (2003), S.29
[62] Vgl. Ernst & Young (2007a)
[63] Vgl. Bundesministerium der Justiz (2007), § 317 Abs. 4 HGB

In der Studie ist die Rede von einer Neuausrichtung des Risikomanagements. Dabei geht der Trend „von einer reinen Erfüllung der gesetzlichen Anforderungen hin zur Etablierung eines integrierten, wertorientierten Steuerungsinstruments im Unternehmen."[64]

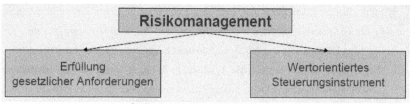

Belegt wird dieser Trend durch den Vergleich mit der Studie zur gleichen Thematik aus dem August 2005, in der sich Risikomanagement bei der großen Mehrheit der befragten Unternehmen lediglich auf die Erfüllung gesetzlicher Anforderungen beschränkte.[65]
Ein Jahr später ist Risikomanagement zu einem wesentlichen Instrument bezüglich der gesamten Unternehmenssteuerung geworden. Allerdings herrscht auf der anderen Seite in einigen Bereichen noch Nachholbedarf, des weiteren ist die Ausgestaltung der verschiedenen Risikomanagementsysteme in den seltensten Fällen bereits ausgereizt.

Die Ergebnisse der Studie 2006 zeigen im einzelnen, dass Risikomanagement bei nahezu allen Unternehmungen in sämtliche Prozesse und Funktionen integriert ist und dadurch in der Lage sein sollte, risikobehaftete Entwicklungen frühzeitig aufzudecken. Mangelhaft ist allerdings noch die Verbindung vom Risikomanagement zum Internen Kontrollsystem. Diese Verbindung besteht zwar laut Befragung bei zwei Dritteln aller Unternehmungen, allerdings ist sie nur bei jedem fünften Unternehmen umgesetzt.
Die Motivation für die Gestaltung eines Risikomanagementsystems ist demgegenüber nahezu einheitlich. Zum einen soll so, wie schon weiter oben erwähnt, den gesetzlichen Anforderungen entsprochen werden. Zum anderen soll eine frühzeitige Erkennung bestandsgefährdender Entwicklungen erreicht werden, denn Risiken können nur bewusst gesteuert werden wenn man sie rechtzeitig erkennt.

---

[64] Ernst & Young (2007a), S.8
[65] Vgl. Ernst & Young (2005), S.7

Zur Schaffung eines einheitlichen Risikoverständnisses setzen 80% der Unternehmungen Handbücher ein. Schulungen und regelmäßige Workshops bieten jeweils ca. die Hälfte der Gesellschaften an.[66] Im Gegensatz zur Vorjahresstudie ist in diesem Bereich ein deutlicher Anstieg zu verzeichnen, was wiederum zeigt, dass zunehmend Wert auf solch ein einheitliches Risikoverständnis und auch Risikobewusstsein innerhalb einer gesamten Unternehmung, vom kleinsten Mitarbeiter bis zum obersten Chef, gelegt wird.[67]

Eine weitere Auffälligkeit beim Umgang mit Risikomanagement ist der steigende Einsatz von unterstützender Software. Lediglich 15% aller Unternehmen verzichten noch völlig auf diese Art von Hilfe. Ein Jahr zuvor war dies noch ein Viertel. Dabei wird von jedem dritten Unternehmen spezielle Risikomanagementsoftware eingesetzt, jedes zweite verwendet die Microsoft-Office-Programme Excel oder Access als IT-Unterstützung.

Erhebliche Defizite deckte die Studie im Bereich der Überwachung von Leistungsindikatoren auf. Lediglich 44% aller Unternehmen überwachen diese regelmäßig und vollständig. Dabei erfolgt die Erfassung bei knapp der Hälfte dieser Unternehmen nur einmal pro Quartal, bei 38% monatlich und bei 14% wöchentlich. Hier wird eine deutliche Kluft zwischen Anspruch und Wirklichkeit deutlich. Alle Risiken möglichst früh aufzudecken, ist nach Angabe der untersuchten Gesellschaften zwar primäres Ziel eines Risikomanagementsystems, jedoch darf bei den angegebenen Zyklen für die Überwachung ein effektiver Beitrag zur Prozesssteuerung angezweifelt werden.

Ein Teil der Studie bezieht sich auf das Risikomanagement von Projekten, was aufgrund fehlender alternativer Instrumente im herkömmlichen Projektmanagement eine immer größere Bedeutung erlangt. Die Wichtigkeit eines solchen Projektrisikomanagements spiegelt sich allein durch die Tatsache wider, dass nahezu 40% aller angefangenen Projekte nicht im vorgesehenen Kosten- und/oder Zeitrahmen fertig gestellt werden. 6% scheitern sogar völlig. Ein solches integriertes Projektrisikomanagement scheint daher unumgänglich. In 6 von 10 durchgeführten Projekten wird dies bereits von den befragten Unternehmen eingesetzt.[68]

---

[66] Vgl. Ernst & Young (2007a), S.8ff.
[67] Ernst & Young (2005), S.10
[68] Vgl. Ernst & Young (2007a), S.12ff.

Bei 58% aller Unternehmen läuft das Projektrisikomanagement allerdings isoliert vom allgemeinen Risikomanagement und der Unternehmenssteuerung ab, was hingegen gerade einen entscheidenden Erfolgsfaktor darstellen würde.[69] Aber insbesondere hier ist ein weiteres Defizit zu beobachten. Lediglich jedes vierte der befragten Unternehmen ordnet einem effektiven und effizienten Projektrisikomanagement eine hohe Relevanz als kritischen Erfolgsfaktor zu. Für ca. ein Drittel hat dies kaum eine oder gar keine Bedeutung.[70]

4.2 Fazit

Mittlerweile sind neun Jahre seit dem Inkrafttreten des Gesetzes zur Kontrolle und Transparenz im Unternehmensbereich vergangen. Das Gesetz war Auslöser einer intensiven Auseinandersetzung mit dem Thema Risikomanagement vieler deutscher Unternehmen.[71] Was zunächst weitgehend als Zwang des Gesetzgebers angesehen wurde, wandelte sich mehr und mehr zu einer freiwilligen Ausführung der Unternehmen. Dies wird daran sichtbar, dass sich mittlerweile fast jedes Unternehmen mit dem Thema Risikomanagement auseinandersetzt, also auch Unternehmen solcher Gesellschaftsformen, die gesetzlich gar nicht dazu verpflichtet sind. Unternehmensindividuelle Aufgaben an das Risikomanagement rücken zunehmend in den Mittelpunkt.

Es wurde inzwischen erkannt, dass Risikomanagement eine Aufgabe darstellt, die nicht nur zum Fortbestehen eines Unternehmens selbst hilft, sondern auch einen entscheidenden Beitrag zum Erreichen der individuellen Unternehmensziele leistet. So ist die Notwendigkeit von Risikomanagement mittlerweile unumstritten. Allerdings gibt es neben viel Licht auch noch Schatten. So ist die Art und Weise der Umsetzung der einzelnen Risikomanagementsysteme bei weitem noch nicht optimal. Es gibt viele gute Ansätze aber auch noch erhebliche Defizite in einigen Bereichen. Zusammenfassend könnte man also sagen, dass sich das unternehmerische Risikomanagement in einem anhaltenden Entwicklungsprozess befindet. Das vorrangige Ziel dieses Prozesses muss weiterhin die Integration des Risikomanagements in das betriebliche Steuerungs- und Überwachungssystem sein.

---

[69] Vgl. inprogress (2007)
[70] Vgl. Ernst & Young (2007b)
[71] Vgl. Ernst & Young (2007a), S.8

Auch in Projektorganisationen gewinnt Risikomanagement vermehrt an Bedeutung. Hierbei ist die vorrangige Aufgabe in der Verbindung vom Projektrisikomanagement auf der einen und dem allgemeinen Risikomanagement zusammen mit der gesamten Unternehmenssteuerung auf der anderen Seite zu sehen. Nur wenn diese Verbindung vorhanden ist, „können projektbezogene Chancen- und Risikopotentiale frühzeitig und systematisch bis auf Unternehmensleitungsebene kommuniziert werden."[72]

---

[72] Ernst & Young (2007a), S.28

Literaturverzeichnis

Avedos (2007): Avedos Business Solution GmbH,
URL: www.avedos.com/ 94-Produkt-Features.html [10.04.2007]

BDI (2006): Risikomanagement – Anforderungen und Umsetzung bei mittelständischen Unternehmen, Industrie-Förderung Gesellschaft mbH, Berlin

Braun, Herbert (1984): Risikomanagement – Eine spezifische Controllingaufgabe, Toeche-Mittler, Darmstadt

Brühwiler, Bruno (1994): Internationale Industrieversicherung. Risk Management – Unternehmensführung – Erfolgsstrategien, Verlag Versicherungswirtschaft e.V., Karlsruhe

Bundesministerium der Justiz (2007): Handelgesetzbuch
URL: http://bundesrecht.juris.de/hgb/index.html [01.04.2007]

DeMarco, Tom (1998): Der Termin, Hanser, München/Wien

egip (2007): Defizite im Risikomanagement,
URL: http://www.egip.com/de/unternehmen/news/details/news/2007/march/07/select/defizite-im-risikomanagement/index.html [01.05.2007]

Ernst & Young (2005): Ernst & Young Best Practice Studie: Risikomanagement 2005

Ernst & Young (2007a): Ernst & Young Best Practice Studie: Risikomanagement 2006

Ernst & Young (2007b): URL: http://www.ey.com/global/content.nsf/Germany/Presse_-_Pressemitteilungen_2007_-_Risikomanagement [21.04.2007]

Fürer, Guido (1990): Risk Management im internationalen Bankgeschäft, Bern

Gleißner, Werner (2007): Ratschläge für ein leistungsfähiges Risikomanagement
URL: http://www.krisenkommunikation.de/akfo53-d.htm [09.04.2007]

Göbenzell, Klaus-Peter (2001): Auswirkungen des KonTraG auf das Risk Management, in: Zeitschrift Versicherungswirtschaft, Heft 18, S. 1460-1464

Haller, Matthias (1986): Risiko-Management – Eckpunkte eines integrierten Konzepts, in: Jacob, H. (Hrsg.): Risiko-Management, Gabler, Wiesbaden

ibi research (Hrsg) (2004): Risikomanagement in Finanzwirtschaft und Industrie, Regensburg

Imboden, Carlo (1983): Risikohandhabung: Ein entscheidbezogenes Verfahren, Bern

Inprogress (2007): inprogress - Service für Zeitarbeit,
URL: http://www.info-zeitarbeit.de/news_2007/News_2007_33.htm [21.04.2007]

Kohlhoff, Christian; Langenhan, Karsten; Zorn, Stephan (2000):
Risikomanagement nach dem KonTraG – zwischen Theorie und Praxis; zugleich ein
Beitrag zum Risikomanagement in der EDV, in: Zeitschrift Interne Revision
(35.Jahrgang), Heft 1, Erich Schmidt Verlag, Berlin

Königs, Hans-Peter (2003): IT-Risiko-Management mit System – Von den
Grundlagen bis zur Realisierung - Ein praxisorientierter Leitfaden, Vieweg, Wiesbaden

Kirchner, Michael (2002): Risikomanagement : Problemaufriss und praktische
Erfahrungenunter Einbeziehung eines sich ändernden unternehmerischen Umfeldes,
Hampp, Mering, München

Maier, Kurt M. (1999): Risikomanagement im Immobilienwesen, Fritz Knapp Verlag,
Frankfurt

Martin, Thomas A.; Bär, Thomas (2002): Grundzüge des Risikomanagements nach
KonTraG, Oldenbourg, München/Wien

Müller, Armin (2001): Systematische Gewinnung von Frühindikatoren für
Frühaufklärungssysteme, in: Kostenrechnungspraxis, Heft 4, Gabler, Wiesbaden

Neubeck, Guido (2003): Prüfung von Risikomanagementsystemen, IDW-Verlag,
Düsseldorf

Neubürger, Klaus W. (1989): Chancen- und Risikobeurteilung im strategischen
Management, Schaeffer-Poeschel Verlag, Stuttgart

Reichling, Peter (Hrsg.) (2003): Risikomanagement und Rating – Grundlagen,
Konzepte, Fallstudie, Gabler, Wiesbaden

RiskNet (2007): The Risk Management Network,
URL: http://www.risknet.de/Risikosteuerung.122.0.html [14.04.2007]

Schmitz, Thorsten; Wehrheim, Michael (2006): Risikomanagement – Grundlagen,
Theorie Praxis, Kohlhammer, Stuttgart

Seibold, Holger (2006): IT-Risikomanagement, Oldenbourg, München/Wien

Software-Kompetenz (2007): URL: http://www.software-kompetenz.de/?28033
[09.04.2007]

TEIA AG (2007): Kurs Unternehmensführung, Internet Akademie und Lehrbuch
Verlag, Berlin, URL: http://www.teialehrbuch.de/UFG [09.04.2007]

Vassia, Stavroula (2004): Risiko-Management beim Outsourcing von IT

Waldmüller, Ernest (2004): Risikomanagement für IT- und Software-Projekte. Ein Leitfaden für die Umsetzung in der Praxis, Hanser, München

Wikipedia (2007): URL: http://de.wikipedia.org/wiki/Hauptseite [09.04.2007]

von Winter, Robert (2001): Risikomanagement und interne Kontrollen beim Sachversicherer im Sinne des KonTraG, Verlag Versicherungswirtschaft, Karlsruhe

Wöhe, Günther (2005): Einführung in die Betriebswirtschaftslehre, Vahlen, München

Wolf, Klaus; Runzheimer, Bodo (2003): Risikomanagement und KonTraG, Gabler, Wiesbaden

Zellmer, Gernot (1990): Risikomanagement, Verlag Wirtschaft, Berlin